JN001363

シリーズ

まえのぜひたく。

―外食気分は昭和喫茶で。―

くち正太

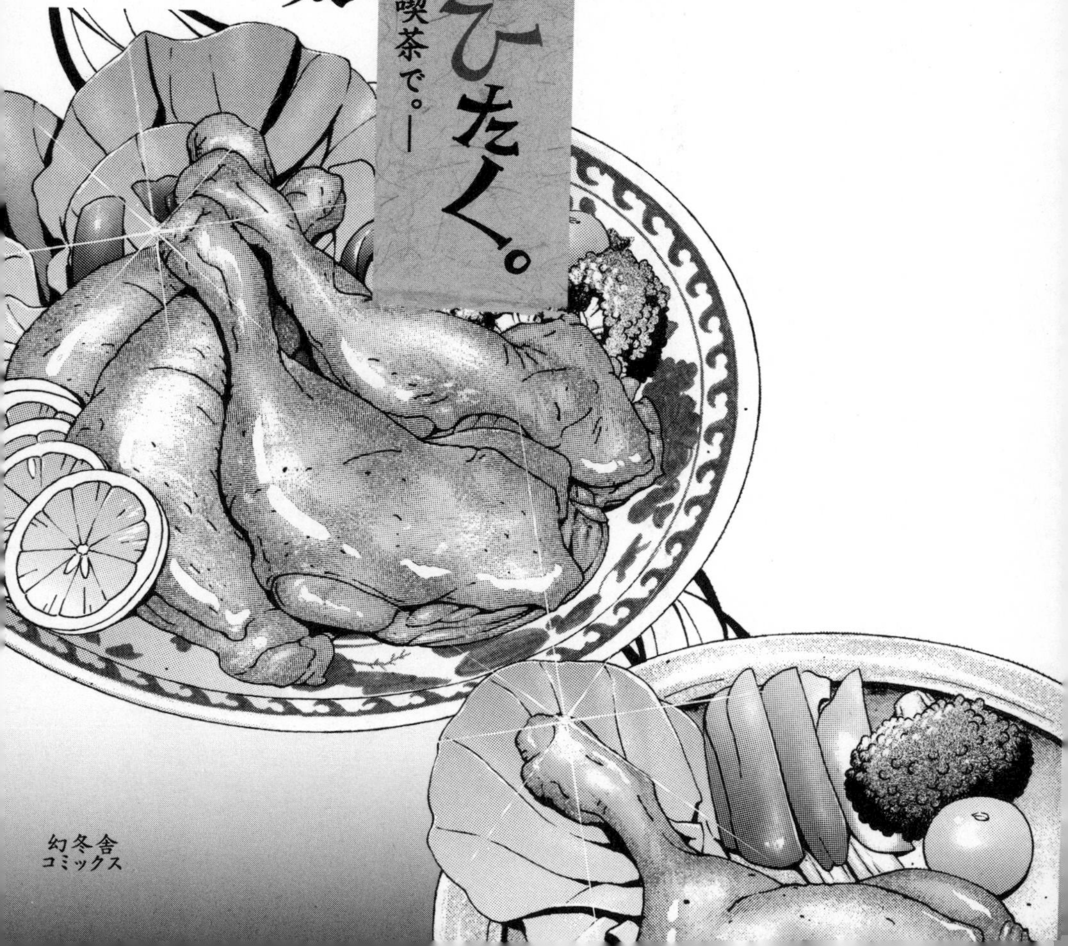

幻冬舎
コミックス

シリーズ

あたりまえのぜひたく。

―外食気分は昭和喫茶で。―

目次

◎カバーイラスト・デザイン
きくち正太
◎装丁
西野直樹デザインスタジオ
◎担当編集
高松千比己（幻冬舎コミックス）

納豆椎茸油揚、熱燗一本つけてくんな。

第五十話

納《なっ》豆《とう》が好きだ
天狗納豆
からし
納豆スか!?
納豆だ
連載50回スよ!?
アニバーサリースよ!?

納豆だ!!
ず…
節目なのに納豆!?
それで料理スか!?
納豆オムレツ 納豆スパゲッティ
特別感とかあります!?
結局、ごはんにのっけて食うのが一番てことになんないスか!?
ぬかせ
わしの地元秋田《あきた》県横手《よこて》市はなんと納豆発祥の地
今を去ること930年余り、平安《へいあん》時代後期
東北の地で勃発《ぼっぱつ》した勢力争い
その戦いの際、源義家《みなもとのよしいえ》の軍勢が兵糧《ひょうりょう》として運んでいた煮豆が馬の体温で醗酵《はっこう》し出来たのが
納豆の始まりという伝説があってのう
納豆発祥には諸説あります
横手駅から車で15分の金沢《かねざわ》公園
そこにはちゃあんと
横手市
納豆発祥の地
〝納豆発祥の地〟、そう石碑に刻まれておるのじゃ!!
しみじみ…
私、地元はお隣《となり》の大曲《おおまがり》だったけど金沢は高校の通学路だったわ

それに特別感がないだァ!!?
秋田県南《あきたけんなん》、郷土料理の白眉《はくび》
納豆汁!!!
あたりまえのぜひたく第十四話で紹介した
正月には欠かすことのできない特別な寿《ことほ》ぎの
オレ、それ食べてないスもん!!
本当だ 編集 高松《たかまつ》、納豆汁の回出てこないわ
もしや、根に持ってる!?
ぷ～っ
納豆!!?
没《ぼつ》じゃ!!!
それじゃあ
高松さん、納豆汁の代わりといってはなんだけど
これからの季節にぴったりな納豆で拵《こさ》えるお酒のアテを
納豆汁じゃないいんだ
ふ～ん
納豆汁じゃないいんだね
へえ～!!
子供か

材料に調味料
納豆に椎茸《しいたけ》、油揚《あぶらあ》げ
ピザ用か溶《と》けるチーズ
葱《ねぎ》に塩に醤油は濃口《こいくち》
塩
酒田納豆
生しいたけ
手作り 油あげ
小祝井
今回の料理のベースになる納豆はこれ!!
秋田のお隣、山形《やまがた》県は酒田《さかた》納豆!!
味も秋田 山形で近いし、東京でも入手しやすいし
本当は秋田の地元産でいきたいところなんだけど
国産大豆使用
横手納豆
味が近い？
匂いが強く豆がとてもやわらかい
それがいい納豆の条件だと？
じゃなくて、今日の料理には、それが合うので

概《がい》して東北《とうほく》、新潟《にいがた》あたりの納豆は匂いが強めで豆も粘りもやわらかい
対照的に水戸《みと》納豆なんかは豆も小さく締まっていて匂いも納豆臭よりも豆の香ばしさが際立つし
粘りもすごく強くてしっかりしてるから
水戸の料理屋さんの納豆の天ぷらなんてびっくり!!
糸が揚げても残ってるのよね
ぴくんと
角館納豆
つけ加えておくとこの酒田納豆、普段からうちの冷蔵庫には欠かせないのだが
味はもちろん理由のもうひとつ
タレが付かない!!
納豆が美味《うま》けりゃタレ、出汁なんぞかえって邪魔
そんな物に頼らなくても醤油だけで充分
結局捨てるハメになっちゃうしね
納豆たれ
からし
料理の前にプチ生活の知恵
納豆に貼りついているこのフィルム
はがす際に豆がひっついたり手が汚れたり
やだァー ありませんか
あるわー

そんなあなたにまずはフィルムの端《はし》をつまんで
フタをきっちり押さえて
あとはフィルムを引っぱって
ゴミ箱に
ポイ
はいっ
豆もまとわりつかず、手も汚れません
どや
ほぉぉぉぉぉ
今日の料理は油揚げ納豆包み、椎茸の納豆詰め
まずは納豆の下拵《したごしら》え
油揚げと納豆は居酒屋とかでありますけど
椎茸と納豆!?
見かけたことないでしょー?でも、うちじゃあ10年以上前からの定番おつまみ

俎板《まないた》に納豆を広げて
包丁でひたすらたたく
たんたん たん たんたん
大変そうに見えるかもしれないが
粘り気があってあちこち飛び散ったりしないので
作業はとってもしやすい
たんたんたん
細かめのひきわり納豆くらいになったらボウルにあけて
練《ね》ること100回
最初からひきわり納豆じゃあだめなんスか？
この納豆を使う最大の理由は――
あれ?!
豆の粒がだんだんペースト状に
そこが今日の料理のポイント、普通のひきわりだとなかなかこうはなりにくい
東北のやわらかい納豆ならでは
醤油を差しつつ練る、を繰り返して

ざっくり100回かき混ぜたら、おかあさん
はい、葱のみじん切り
葱を加えて
あとは数回かき混ぜて
納豆の粒が半分ほど残るくらいのペースト状で
納豆の下拵え完了!!
あぁああ♡
納豆好きにはたまらない匂いっスね
お次!!
ペーパータオルで油揚げを挟んで
麺棒《めんぼう》で上からぐりぐり
油揚げをほぐします
3辺に切れ目を入れて
油揚げを開きます

お次は椎茸の軸を
スプーンでへずり取ります
ぐりゃぐりゃ
スライスチーズは4等分に
練った納豆、椎茸、油揚げ
準備がととのいましたので
まずは油揚げの納豆包み
開いた油揚げに
納豆をまんべんなく塗りつけて
アルミホイルにのっけて、オーブントースターで
こんがり焼け目がつくまで10分ちょい

お次は椎茸に納豆を詰めるというよりも
塗りつけるカンジで
私はぼちぼち熱燗《あつかん》の仕度を始めます
椎茸の半分はプレーンで
半分にはチーズをのっけてー
ちーん…
油揚げが焼けました、お次は椎茸を並べて
ぱかっ
7分から8分
ジイイイ
ちーん…

本醸造
〝山内杜氏

ああ
いい香りっスねー、納豆のコゲた香りっていうのも
実はオレ、納豆めちゃめちゃ好きなんスよ——!!
だったら最初からそう言えよ
くんくん…
でまっ
油揚げの納豆包み
大根おろしに葱で
ああああ
さく
うんめえっ
油揚げがさっくさくで
納豆がねっとりー!!
最初から美味いのは分かってるんスけど——!!
たたいて練ってが効いてるんスかね!!
納豆の舌触《したざわ》りも良くて匂いも強烈で——!!

それに箸《はし》で持っても納豆がこぼれ落ちることもないし
おつまみにぴったりー!!!
うんっ
たたいて練ってってのが面倒なら、普通の納豆に溶けるチーズを混ぜ込んで焼くという手もある
そうすればチーズが納豆のまとめ役になってこぼれることもない
前に〝瑠璃《るり》ちゃん〟の納豆レシピはそれで描いたわよね
さぁて
お次はいよいよ椎茸納豆詰め
椎茸と納豆の組み合わせって初めて食べるんスけど
果たして相性はいかに!!?
どきどき
はむしゃ
びっくりだ
めちゃめちゃ合う〜!!

椎茸に納豆、独特《どくとく》クセあり系のふたつが
クセを消し合うとかじゃなくて
椎茸が納豆の香りを包んでさらに持ちあげて
納豆好きには堪《たま》りません!!
ぱく
こりゃ美味《うま》いっスー♡
そこでおひとつ
居酒屋
どうぞ髙松さん
萩焼《はぎやき》割高台《わりこうだい》ぐい呑み
あちちっち
こりゃ、熱燗だ
寒空《さむぞら》にはうれしいっスね—

よっ
な
味って
どんな味?!
たずねられたら
答えは
これ!!
熱燗と納豆の相性最強――!!
ワイングラスで日本酒飲んでる場合じゃないっスね――!!
そんじゃあ
椎茸納豆詰めオンチーズ!!!
美味いに決まって――
よっ
プえ
ハイカラ
あァかんが
止まんねえ
やべええええ

あっ
おっと
すいません、いただきます
いやああ
納豆サイコー!!
ふ…
今回 納豆で大正解!!
ちょっと待っててね、髙松さん
ちょっとお酒の合いの手
余っちゃって、油揚げに椎茸、練り納豆が
油揚げに椎茸を刻んで、練り納豆と味噌汁に溶いただけなんだけど
即席《そくせき》納豆汁♡
やったァ

●『納豆 椎茸 油揚、熱燗一本つけてくんな。』終●

第五十一話

煮つけに熱燗、メリークリスマス。

メリークリスマス
お歳暮
きくち
七面鳥《しちめんちょう》飼ってた!?
飼ってたというか、飼育というか、養鶏《ようけい》じゃなくて養七面鳥《ようしちめんちょう》だな
ず…
ええ?!
私も今初めて聞いた!!

養七面鳥!?
春にヒナを仕入れて、世話して育てて
12月、クリスマスに合わせて出荷
やぁぁん
かわいーー♡
どっこい
かわいいなんてのは、最初だけ
これがスクスク育つと、とにかくでかい!!
普通のニワトリの3倍はゆうにあって
シャァァア
当時、小学生だった自分にはダチョウか
おまけに七面鳥のオスときたら、額《ひたい》に指みたいなのがニョッキリ生《は》えてて
シャァァア
グロいのなんの!!
まさにアメリカ原産
それの世話してたの!?
家計のため、昭和《しょうわ》の農家の少年じゃ

七面鳥って
餌《えさ》は!?
何を食べるの!?
普通に
ニワトリなんかと一緒、
卍《まんじ》形をした刃《は》がついてる
でっかい鎌《かま》があって
メインは大根
なんかの野菜の
葉っぱクズ
それを桶《おけ》の中で
卍形の鎌で、
刻んで、
トウモロコシとか
穀物の入った
飼料と混ぜる
配合飼料
昭和の農家の
少年の仕事じゃ
その七面鳥を
食べたことは!?
なな!!
農家の内職
みたいなもんだから、
飼ってた羽数も
10羽くらいしか
いなかったし
やっぱり
高価で貴重品
だったんじゃ
ないか!?
きっと銀座《ぎんざ》か
高輪《たかなわ》のマダム達の
口《くち》に入っていた
んだろうよ
ウン10年前、
わしが世話してた
七面鳥
それに当時の
肉屋さんが
言ってたもんな
あんなもの
美味《うま》いわけねえ、
ニワトリの方が
なんぼか美味いべ
多分に
アメリカ合衆国
へのやっかみ
コンプレックスと
思われる…
ここだけの話
ここだけの
それでもやっぱり
クリスマスといえば
鶏肉じゃなかった?
鶏モモ肉の
骨つきで
丸々1本
きゃあああ
それよ、それ♡

モモ肉丸々1本、いいっスねー
フライドチキンスか!? それともローストチキン!?
煮つけ
に……
煮つけ!?
昭和の農家の少年は
昭和のお茶屋《ちゃや》さんの少女も
クリスマスのチキンは
煮つけ♡
——というわけで、今回は きくち家《け》 懐《なつ》かしのクリスマス料理
骨つき鶏モモ肉の煮つけ昭和版!!!
材料に調味料です
骨つき鶏モモ肉5本
日本酒、味醂《みりん》、濃口《こいくち》醤油、ザラメに水飴《みずあめ》
以上!!
しょうゆ
本みりん
みずあめ

鶏モモ肉の下拵《したごしら》え——
余分な脂《あぶら》、鶏皮
大きさにバラつきがないよう形を整えて
魚1本捌《さば》くのと一緒で、鶏モモ肉も1本下拵えすると、それなりにハンパな部分も出てきまして
モモ肉5本で、正肉《しょうにく》だったら串に刺して焼鳥3本分
皮・脂
正肉
皮や脂は鶏皮ポン酢、鶏皮の親子丼等々——料理の醍醐味《だいごみ》であります
私はこれが一番楽しみ——♡
そしたら底の広い
大鍋を用意しまして
日本酒をおたまで2つ
大さじで8杯

味醂
おたま1つ
濃口醤油
おたま1つ半
ザラメを
大さじ2つ
砂糖じゃなくて
ザラメの理由は!?
甘さが軽くて
香りも立つ
火を点《っ》けて
鍋が煮立った
ところに
ぐらぐら
種を抜いた
タカノツメを
1本
ぐら
鶏モモ肉を
敷き入れたら
水を入れて
煮汁の量を
調整
煮汁が肉の
8分目ぐらい

煮汁が充分に沸《わ》いたところで
ぐら
ぐら
味見!! 塩辛さが先にきちゃァダメ!!
甘さが勝つくらいが——
OK!!
鍋を煽《あお》って煮汁とモモ肉をなじませて
クッキングシートを正方形に切って
中心から8等分に折り畳んで
点線に沿ってハサミで切って
ちょきちょき
今回はこれが
落としブタ
鶏モモ肉に落としブタをして、火は中弱火
あとは上からフタをして
焦がさないように30分
ぐら

30分経ちました
フタに落としブタを外して
水飴を大さじで2つ
これは甘味というより照《て》り
ツヤと照り
落としブタとフタを戻して、火は弱火で
10分!!
ああぁ
なんか、エキゾチックないい香りがしますねー
うんっ
お酒に醤油、ザラメ
それでこの香り、日本がアジア圏《けん》であることをあらためて実感します
台湾《たいわん》料理屋さんの香りだわ――
くんくん
くんくん
10分経ったら火を止めて
煮物は冷めていくときに味が染みていく
冷ますのも料理

んほぉぉお
BISU

1本丸ごと手づかみのこの感触
むしゃっ
ぜいたく感揚《あ》がりますねー!!!
めちゃめちゃやわらけええ!!
美味《うめ》ええぇ
甘辛い醤油味が芯まで染みて
大人も子供も日本人みんな好きなやつっスよ——!!
初めてっス!! 骨つき鶏モモ肉で煮つけなんて——!!

似たような味で
手羽元《てばもと》の甘辛煮って
ありますよね
あれも何本でも
いけちゃうやつ
ですけど
食べ応えなら
断然こちら!!
そして
そして
この骨離れの良さ!!
食べやすいこと
この上なし!!
ストレス
フリー――!!!
すぽん
フライドチキンもいい、
ローストチキンも
もちろんいい
むしゃっ
けど、昭和の
お茶屋の少女は
農家の
少年も
サンタ
じゃや
サンタ
じゃや
しっかり
醤油味の
骨つき
チキン
煮つけ
片手の
サンタさん
にゃあ♡
乗っちゃえ～
髙松《たかまつ》さん
飲み物は？
ビールにワイン
日本酒も
あるけど
そりゃあもう
クリスマスです
から

日本酒ください、熱燗《あつかん》で
煮付けには日本酒よねー
こういうの
モモ肉の下拵えで出たハンパ肉に串打ったやつ
煮つけの残った汁に濃口醤油を加えて味を調《とと》えまして
フライパンで鶏肉に葱《ねぎ》も炒めまして
葱が嬉しいわーー♡
しょうゆ
七味

タレを別鍋に少量取り分けて煮詰めまして
ぐつぐつ
じゅううう
焼きあがった鶏肉と葱にさっとからめて出来あがり、最後 葱に火を通しすぎないのがコツ
葱ィ―♡
うわあああ
めっちゃ焼鳥―――!!
ぱくっ
ねぎ―――♡
ぱくっ
サンタじゃ サンタじゃ あつかんひっかけ ネギタレやきとりつまんで ごきげんサンタさんじゃ♡
クリスマスなんか遠く

クリスマスは七面鳥もいいスけど、やっぱりチキンスね——!!
葱もすっげ甘くて、やわらかくて——!!
やんや やんや
毎年 暮れにおたくの松永《まつなが》さんから届く深谷《ふかや》ネギなの——よろしくお伝えくださいね——
お酒も頃合《ころあい》——
クリスマスもお腹《なか》は減るもんですねー
クリスマスですものね、おとうさんおとうさん
鶏皮のほらほら私の一番楽しみなやつ
サンタさんは大忙しじゃ
鳥皮をフライパンでこんがり焼いて
出てきた脂をペーパーで軽くふきとって
小鍋に移して、先ほど焼鳥にも使ったタレと日本酒を加えまして
純米酒
5分煮込んだら斜め薄切りにした深谷ネギ
卵を溶き入れて

へいおまち
鳥皮炒めと深谷ネギの親子丼
あー♡
鳥肉のハンパで作る親子丼て、なんでこうも美味しいのかしらね
クリスマスじゃからのう
きゃあああ
サンタじゃサンタじゃ親子丼大好きサンタさんじゃあ♡

●『煮つけに熱燗、メリークリスマス。』終●

50パーセントオフ
からのぜひたく。

第五十二話

北斎《ほくさい》がそれを描いたか
どうかは検証しかねるが、
西伊豆《にしいず》から望む富士山《ふじさん》は
まさに絶景である――
♪
ただいまー――♡
よこしょお♡
きゃっほ～♪
年明けから気分はサイコー、今年は良い年だわ――♡
♪

どうしたんだい おかあさん、やけに機嫌がいいな
何かいいことでもあったのかい？
わ・か・る？ 当ててごらんなさい
あれだろ、駅前スーパーで50％オフセール
普段は買えない鯛《たい》に鰆《さわら》の切り身の大人買いだろ？
なんでしょう その見透《みす》かした感!!!
すごい嫌《や》み!!!
はいい
そうですよ、その通り
私はどーせ底の浅い女
年明けから気分は最悪、今年はダメ!! しょーもない年!!!
やべえーー
あけましておめでとうございます
今年もよろしくお願いいたします
50%引
50%引
662
生さわら切身
ほほう
鯛に鰆ですか

それは一体どのような料理で!?
塩して、軽く干して、ごはんのおとも―― 安かったからフライにしてもいいし
西京漬《さいきょうづ》けはどうですか?
でも、それならおとうさんね
高くつくぞ―― 白味噌とかたっぷり使うから
いいじゃない 50%オフなんだし
正月早々ありがとうございます、何をかくそう私、高松《たかまつ》――
西京漬け、特に鰆のそれなどは大大大好物《だいだいだいこうぶつ》でありまして
ずっとかくしててもよかったのにな
真鯛に鰆の西京漬け
真鯛に鰆の切り身
田舎味噌に白味噌
日本酒に味醂《みりん》
いってみよ!!

まずは魚の下拵《したごしら》え
魚が並ぶ大きさのバットに塩を振りまして
そこに魚の切り身を並べます
上からまんべんなく塩を振りまして
塩は気持ち多めかなーくらい
ぱらぱら
ラップをかぶせて
冷蔵庫で2時間
そしたら次は味噌床《どこ》づくり
ボウルに日本酒をおたまで2つ、カップにして3分の2くらい
味醂をおたまひとつ
白味噌カップに1、田舎味噌大さじで2つ

田舎味噌を加えるのは?
別になくても白味噌だけで充分なんだけど
田舎味噌といってもこれはうちの実家から届く味噌で
昔は完全自家製、今は材料、調味料の分量を伝えて、
地元の糀《こうじ》屋《や》さんで配合してもらっているんだけど
ご近所さんに比べて、糀を倍使って仕込むんだっていうのがお義母《かあ》さんの自慢よね
昔ながらの大《お》っきい味噌樽《だる》で
糀が倍!?
そうすると何が違うんスか!?
甘さ!! 味噌の甘さが増す
京都《きょうと》の白味噌が甘いのは、まさに糀の量の多さ
だから、うちの実家の味噌、特に一年ものの若い味噌は白味噌とよく合う
といっても塩分はかなり強いけど
オッケー
結果、漬けた魚の味が辛口になるとか、味噌の風味が強くなるとか
いろいろあるけどそれを使う一番の理由は自分のルーツに対する敬意

塩して冷蔵庫で2時間おいた切り身
塩で魚の水分が浮き出てくるので
流水で洗っちゃう
いいんスか？そんなじゃあじゃあやって
ぬめりとか水分が生臭《なまぐさ》さのもとなので――
じゃあああ
朝の活締《いけじ》めの魚とか、鮮度がいいんだったらただ水分をふき取るだけでかまわないけど
それだったら味噌で漬ける前に、刺身とか、皮目をちょっと炙《あぶ》ったくらいのたたきで食べたいし
それ用で売られてる――
だからいいんです
切り身で売られてる魚はあえてしっかり水洗いしましょう
水洗いした切り身はザルにとって
ペーパータオルで水気をしっかり切って
ででっ
先程の漬け床にくぐらせて

密閉容器に並べて上からたっぷり味噌ダレをかけて
フタをして——
なむ…
冷蔵庫で2日目くらいからが食べ頃
2日後スね？夜は絶対空けときます
お酒の銘柄《めいがら》ご指定ありますか？
飲む気まんまんかよ
私そろそろ申告の時期なんですけど
さて
いいカンジになってます♡
ああ♡
香りがすでに西京漬け
くんくん
これぞ日本料理のぜひたく感でおますなァ♡

じゃあぁ
西京味噌はコゲやすいので、水でしっかり洗い流して
ペーパータオルでしっかり
水気を切って
両面焼きのグリルに皮目を上にしてのっけます
皮目を上にというのは？
西京漬けの魚の皮は網にとてもひっつきやすいのでな
カチャカチャ
時々コゲてないか確認しながら中弱火で10分前後
焼いてる間に付け合わせの準備
はい
秋に仕込んだ茗荷《みょうが》の梅酢《うめず》漬け
鬼おろしに辛味大根
食用菊に合わせポン酢
ポン酢
市販のでもかまいませんが、自作したい人は『あたりまえのぜひたく。—いくら 塩鮭 ぜひたく親子丼。—』四十二話を参考にしてくださいね
食用菊
あたりまえのぜひたく
きくち正太

それでは付け合わせの仕込み
食用菊をがくからむしり取ります
熱湯にお酢を少々
沸いたところに食用菊を放り込んで
湯がくことほんの数秒
すぐにザルにとって
冷水にさらして
水からあげて
ぎゅっと絞って
ザルに広げて、さらに水気を飛ばします
鬼おろしで辛味大根をおろします

ちょいと塩して
ひと呼吸
しっかりしっかり
水気を絞って
ポン酢を
少々
軽く和《あ》えたら
出来あがり
菊の花も
ボウルにあけ
まして
ポン酢は
大根よりも
多めで
軽く和《あ》えて
出来あがり
んまぁ
ああ
いい色だこと
――♡
茗荷はタテに
千切りにして
薬味に
付け合わせ
完了――
おとうさん
鯛に鰭が
焼けましたよ

清酒
純米

何をかくそう、何をかくそう、何をかくそう──!!!
ひ〜〜
すごい
これ料理屋で頼んだら、一体いくら取られるやら
それが、ここじゃァ金も払わず食べ放題!!!
食べ放題じゃないし、払ってもらってもかまわんし
んじゃあ
さっそく鰆から
あぁ
もう身がふっくらねっとり──!!!
うまぁい
いいんスか!? こんなのひと口《くち》でいって──
何をかくそう、何をかくそう──!!
分かったから早く食べなさい
はむしゃ

何をかくそう、何をかくそう、何をかくそう
ひ〜っ
驚きです!!
味噌の風味、香り!! キメ細かな魚の舌触《したざわ》り!! めちゃめちゃ上等な西京漬けじゃないスか!!!
和食料理屋、日本橋《にほんばし》やら築地《つきじ》やらの老舗味噌漬け屋さんに
ちっともひけとらないっスよ!!
秘訣《ひけつ》はなんスか秘訣は!!?
50%オフの魚だからよ!!!
目がらんらんとしてるぞ
でも、築地の専門店でも魚は韓国《かんこく》産だったりするし
50%オフだけど、駅前スーパーのは国産
だったら鮮度だってそんな違わないし
あと、砂糖は使わない
甘くて美味しいけど味が重くなるしね
実家製の田舎味噌を混ぜ込むと
味が力強くなるわよね

でもって
西京漬けには
やっぱりこれ♡
今日は田舎の
お友達から
いただいた秋田の
季節限定
にごり酒
これはまた
濃厚で、まるで
マッコリみたいな
前言撤回!!!
マッコリなんかと
比べてごめんなさい!!!
本物ッス、本物の
日本の酒ッス!!
口当たりは濃厚、
でも微発泡《びはっぽう》の
飲み口がとっても
さわやかで
西京漬けとの
相性も抜群
よねー♡
こうなっちゃうと
酒の肴に
西京漬けは
ちびりちびり

お酒も
ぐっといきたいところをあえてちびりちびり
ちびっ
さてっ
真鯛の方はどうかしら!?
付け合わせの薬味をのっけて
ちうっ
かんぱい

●『50パーセントオフからのぜひたく。』終●

第五十三話

精が尽きたら ぬめりのあるもの
根《こん》が尽きたら根《ね》のあるもの。

年に一度、毎年必ず訪れるこの季節――
自営業の者にとっての国民的行事
二十四節気《にじゅうしせっき》、七十二候《しちじゅうにこう》などよりよっぽど身近《みぢか》な風物詩《ふうぶつし》と呼んで差《さ》し支《つか》えあるまい
しゅんしゅん
だかだかだかだかだかだかだかだかだか
風物詩と呼んで差し支えあるまい
しゅんしゅん
おはようおかあさん、朝からごくろうさん
がらっ
おはようおとうさん、今、お茶煎《い》れますね
いい、いいやる、やる

はい
どうぞ

いただくわ、おとうさん
束《つか》の間《ま》ーーー!!
ほんとにね、毎年一度は必ず思うのよね
もっと前からやっておけばよかった……
月《つき》に三度四度の締切《しめきり》のたびに必ず思うマンガ家――
シャレになんね――ぞ!!!
税務署は待ってくれないし――
精《せい》も根《こん》も尽きそォ――!!
わし やりますわ、朝めし
ゲンコーも昨日あがったし
いいんですかーー!!?

精《せい》が尽きたら
粘《ぬめ》りのあるものを
根《こん》が尽きたら
根《ね》っこのあるものを
食べよ
今朝は
おかあさんの
元気が戻るような
お椀《わん》をひとつ
いいんですか——!!?
ゴボウに大根、
人参は常備
してるからー
里芋も
時季としては
最後かなー
葱ももちろん
欠かせません、
あとは冷蔵庫に
は——?
おっ?!
根そのものが
ありますよ
がさごそ
蓮根《れんこん》
シメジに
菜の花もいいな、
春のはしり
豆腐に油揚げ、
コンニャクも
使っちゃいます

出汁《だし》は昆布の切り落とし、煮干し鯖《さば》に宗田鰹《そうだがつお》の混合節
庶民派!!
ごはんは炊《た》けてるか確認
オッケー
一汁一菜《いちじゅういっさい》漬物に
目刺《めざ》しにタラコでひと皿
こんにゃく
もめんとうふ
うすくち
調味料は塩と淡口《うすくち》醤油を用意して
まずは一汁、お椀から
鍋にたっぷりの水
どうせだから家族分、朝昼晩
たっぷり拵《こさ》えちゃおう

出汁昆布に混合節、それに煮干し
煮干しは前もって頭とワタは外《はず》してあります
火を点《つ》けます
出汁をとっている間に材料の下拵え
ゴボウはタワシで泥を落とします
じゃあああ
歯応えが残るくらいの厚さに斜め切り
水にさらしてアク抜き
蓮根、人参、大根、里芋は皮を剥《む》いて
ひと口大《くちだい》にいちょう切り
蓮根は薄い酢水《すみず》に浸《ひた》してアクを抜きます
コンニャクは5㎜くらいの厚さに切って
細めの拍子木《ひょうしぎ》切りからの

熱湯に入れ
アク抜き――
ぐら
ぐら
沸騰したら
ザルにあげて
おきます
出汁はアクを
掬《すく》いつつ
ことこと
30分を
目安に
ザルで
濾《こ》します
ざあ
あ
濾した出汁に
コンニャク、
ゴボウ
人参、里芋、
蓮根、大根
火の通りにくい
材料から
時間差で
入れていきます
根菜に火が
通ったところで
味つけ
塩と淡口醤油は
8対2
うすくち
野菜が
ちゃんとして
いれば
甘味を補う
必要はなし
お次は
油揚げ
わしの好みは
ひと口大の
三角形

豆腐は サイの目に切って、シメジはほぐして
それぞれ鍋に投入
菜の花は葉と茎《くき》に分けて
茎を斜めに3等分
白葱は1㎝弱の小口切りに
ここで鍋の火をいったん止めて
あとは食べる分だけ別鍋で温めます
葱に菜の花はその都度《つど》その都度加えます
あら
お正月を思わせる、お出汁のいい香り

お次
アルミホイルを広げて
タラコを並べ
3辺をきっちり折りたたんで
焼き網の上に目刺しと一緒に並べて
弱火でじっくり、焦《こ》がさぬように
お次は漬物を切って——
!
うわあ
の…

おとうさーん
大変よー
お腹《なか》すいて
根《こん》が尽きたー
大変よー
ゆっさゆっさ
はいはいはい
大至急 漬物
切って、料理
仕上げなくちゃ
あと
3分!!!

あああ
染みるうぅ――
なんでしょう
ゴボウ、蓮根、大根、人参、いろんな根菜、お豆腐、油揚げ
お椀の中でみんな仲良くって
美味《おい》しいっていうより、ホント染みるわ――

それに菜の花
冬のイメージが強い根菜の中で
そこだけ極《きわ》だって春——♡
どれどれ
目刺しもいっちゃいます♡
これはもうごはんと一緒に
ぱく
あおあ
干物の脂が塩辛さが
ごはんの美味しさを倍増~~~!!!
焼きタラコ!!
さく
ごはん——!!!!
ふんがあああ

そこで
根菜汁を
はぁぁ
日本の
ほっこり
だすへぇ
おとうさん
おとうさん
ほんとに
やさしいお椀、
とっても
美味しいです
これは何を
イメージして
作ったんですか？
けんちん汁とか？
こたつの上が
いっぱいなので
畳でごはんを
食べている
けんちん汁は
ゴマ油とか使って、
少々お椀として
重いから、ちょっと
違うかな
もっと
郷土料理、
こづゆとか
のっぺいとか

うんうん
こづゆ?会津《あいづ》で食べた美味しかった美味しかった
のっぺい汁
のっぺい汁は新潟《にいがた》だっけ、具だくさんの―
こづゆ
ずずっ
こづゆは貝柱《かいばしら》出汁で、のっぺいは片栗粉でとろみつけたりと違いはあるけど
どちらも仏事《ぶつじ》、お正月のおもてなし料理
うちのはおかあさんにおもてなし料理かな、へっへっへ―
んまっ
根菜汁ってまだある!?
山ほど
やったぁ
目刺しにタラコ、漬物、まだあるし
……………
尽きちゃった根《こん》のチャージ、もう少ししなくちゃ
根菜汁にごはんもおかわりくださいな♡

美味しかったです、おとうさん
ごちそうさまでした――っ
和食を世界遺産登録するんなら、こういうのにして欲しいわ――
普段絶対食べることがない高々《たかだか》しい京懐石《きょうかいせき》なんかより――
やる気、根気《こんき》チャージ完了
がんばって経理やるぞ――!!!
そうかそうか、よしよし
どうだ、おかあさん根気が戻ったところで
次は精のつく食い物でも
それはいいです

●『精が尽きたら ぬめりのあるもの
根が尽きたら 根のあるもの。』終●

第五十四話

それでも春は楽しまなくちゃ。

ホキキオ
ケキョ
ケッキョキョ
やっと鳴《な》きましたね、ウグイス――
今年はもう3月ですよ
ケキョ
2月の頭だもんな、いつもは
しかし、下手《へた》だなまだ鳴くのが
ケキョ
そこがかわいいわよね、春先のウグイスは
いろいろと世間は大変でも、それでも春は来るんだよな
おかあさん、今日の予定は？
仕事場の画材の買い足し
大変でも仕事はしなくちゃだもの

スクリーントーンにミリペン、消しゴム
おとうさん、何かある？
絵の具――顔彩《がんさい》がいくつか品切れ
んじゃあ
吉祥寺《きちじょうじ》
画材の仕入れ済みました
ユザワヤカード忘れずに
どこか寄りましょうか、おとうさん
atré
yuzaway
今年 筍《たけのこ》って食べたかね、おかあさん
まあ
そういえば今年はまだですね
小振りだけど3本で1000円、そんな高くはないわね
いいんじゃないか？
春先の筍は色白《いろじろ》で小振りなのが美味いんだよな
タケノコ
¥1000

木《き》の芽《め》はまだかーー
んじゃあ、緑はみつ葉で
みつ葉 2束¥100
お次は魚屋
今日は吉祥寺で春探し
みつっ!!
春めっけ
生《なま》の青《あお》のり、ばい貝《がい》!!
美味しいわよねーー春先の貝はーー♡
ばい貝 ¥800
青のり
はい!!
本日の食材
テーマは早春《そうしゅん》、ウグイスの候!!
青のり

まずはタケノコの下拵え
前にもやったので〈第三十五話参照〉かんたんに
まずはタワシで汚れを落として
じゃあぁ
先端を斜めに切り落して
すこっ
切り口からタテに切れ目を入れて
ぶつっ
たっぷりの鍋に水から火にかけて
ぱぁ
煎《い》りヌカをひとつかみ
タネを外したタカの爪を3～4本
落としブタをして、1時間半から2時間
追《お》い鰹《がつお》用の鰹節を削りまして

んじゃあ
タケノコ、その他本日の出汁《だし》
鰹節厚削《あつけず》り、宗田鰹節《そうだかつおぶし》厚削り、出汁昆布
追い鰹用削りたて本枯節《ほんかれぶし》パック
本枯節パック以外を鍋に水から火にかけて30分で濾《こ》す
お次はばい貝――貨殖《かしょく》が倍になりますようにの縁起もの
水でよーく洗いまして
じゃああ
かしゃかしゃ
調味料は日本酒、味醂《みりん》、醤油を2対2対1の割合で合わせダレを作っておきます
それに生姜《しょうが》を少々
純米 本みりん
酒
しょうゆ
鍋にばい貝と合わせダレ
火は全開
生姜をひと切れ加えて
煮立ったらフタをして3分!!
ぐらぐら

3分たったら火を止めて、あとは余熱で火を通す
タケノコの様子は?
根元に竹串を刺して
中まで通るようであればOK
粗熱《あらねつ》がとれるまではそのまま
粗熱がとれたら水にさらして
芯まできっちり冷《さ》ましてアクを抜く
皮を剥《む》いて
母直伝《ははじきでん》、竹串を使って
すちゃ
タケノコには、欠かせません
先端を手前にして、竹串で皮を剥いた残りカスを掃除しまして
ひと口大に切ります

濾した昆布と鰹、宗田鰹の出汁を
鍋に2つに分けて
2つに分けるのはタケノコ用ともうひとつはなんですか？
春の味噌汁
タケノコを煮る出汁は、塩と淡口醤油で辛めの吸《す》い地《じ》くらいに味付けして
タケノコを投入
本枯節パックで追い鰹
弱火で20分、あとは火を止めて冷めるまで味を含ませる
ほほお
吉祥寺で画材の買い出しがてら、春探し

タケノコの土佐煮《とさに》
ばい貝の旨煮《うまに》
いいですねー、季節は春、旬の小料理屋
今回はこれを肴に日本酒スかね
どっこい
違うんです？
もちろん、タケノコにばい貝を肴にそれもよし
でも 今回はここからひと手間ですってよ
まずはタケノコ煮の根元部分をサイの目切り
先端はタテに薄切りに
ばい貝は小《ち》っちゃいフォークで
ねじりながら身を取り出します
ここで、ばい貝、つぶ貝知ってるとちょいと嬉しいオヤジの知恵
居酒屋の突き出しで肝《きも》の部分までしっかりきれいに取り出せるととっても嬉しい巻貝《まきがい》ですが
たいていの場合、そこが取れてなくてなんだかもやもやしたりします
そんな時!!

巻貝をこのようにしっかり持ち
もう片方の手のひらに何度かたたきつける!!
どやあ
たしかにオヤジ限定の知恵ね
巻貝は肝を切り離して使うのは身だけ、ひと口大の薄切り
それに油揚げ、半分の幅に切って細切り
あとはお米、3合を研ぎまして——
お米——!?
ということは——!!?

タケノコにばい貝
春の炊き込みごはん!!
もう絶対美味しいやつよー♡
刻んだばい貝
タケノコ
油揚げ
タケノコ土佐煮の煮汁に1時間浸《ひた》したお米
青味《あおみ》はみつ葉
土鍋に油揚げ、ばい貝、タケノコ
具材を順番に入れていきます
鍋の中身はかき混ぜず
フタをして火は強火
鍋が吹いたら弱火で10分

お次は味噌汁
2つに分けた出汁のもう一方の鍋に――
味噌を溶いて――
鍋が沸き立つ直前に
軽く水洗いした青のりを
あぁ
青のりの香りがー!!
くんくん
炊き込みごはんのおこげの香りがー!!!
くんくんくんくんくんくんくん
土鍋の音がちりちりに変わっておこげの香りがしてきたら
火を止めて蒸《む》らしが
10分
ハラへってやベー
は・や・く　は・や・く
ゆさ　ゆさ

へぇへぇ
んじゃァ早いとこ
ぱあ。

おかわりして
いいスか
食ってねえ
のにか

ああ
タケノコと昆布に鰹、魚介の複雑な風味
諸々の食材が茶碗の中で混然《こんぜん》一体《いったい》となって
冷めちゃうから早く食いなさい
早く食べすぎだろ
ああああ
とっても美味しいです、おとうさん♡
タケノコのさくさく感、ごはんと油揚げのジューシーな一体感
それに最後は貝!!
絶妙な歯応えで噛めば噛むほど底味《そこあじ》っていうのかしら、ずっと楽しめるの♡
そして
青のりの味噌汁♡

あぁあ
磯の香り
海苔の緑色が
春を呼ぶ
わー♡
ずずっ
冬に耐えれば
きっと美味《おい》しい
春はくる
耐える耐える耐える
ホーホケキョ♪
いやぁあぁ
タケノコはともかく、
ばい貝の炊き込み
ごはんなんて
初めてッスよ
めちゃめちゃ
死ぬほど
美味かったッスー!!
うちもタケノコ
ごはんは年に数回
拵《こさ》えるけど
ばい貝は富山《とやま》
だったかしら、
初めて食べたの

●『それでも春は楽しまなくちゃ。』終●

第五十五話
外食気分は
昭和喫茶で。
Coffee
ccu

STAY HOME
要するに家にいろと
横文字が好きなもので
そんな折《おり》でどうスかね
家にいながら外食気分というのは
TOY

いいテーマじゃないか、例えば うちから東へ歩いて5分――フレンチの名店
一度だけ行きましたねえ、御招待で――
超高級店じゃないスか、何を食べたんです!?
キンチョーして何食ったか覚えてねえな!?
これまた うちから南へ歩いて5分――イタリアンの名店
一度だけ行きましたねえ、無理矢理経費で――
これまた超高級店、何を食べたんです!?
何しに行ってんだよ
うちから電車と新幹線で4時間足らず
京都は南禅寺《なんぜんじ》の参道《さんどう》
行きましたねえ――生きてるうちにぜひ一度と
もう いいや

外食気分といってもそんなハードルの高い超一流店じゃなくて
もっと お手軽に家庭の台所でちょっとしたコツでプロの味とか
なんだとオきさま!?
この業界に置き換えてそんな寝言《ねごと》をほざくマンガ家志望なんかいたらひっぱたくだろ
あるじゃないの、おとうさん
プロの味かどうかは別として
ちょっとしたコツでそれっぽくなっちゃう
みんな大好き懐かしの昭和《しょうわ》外食メニューが
ほほう
それは一体!!?おかあさん
スパゲッティナポリタン♡
合格ーー!!!

――というわけで、気分は昭和喫茶スパゲッティナポリタン
スパゲッティ
ピーマン
玉ネギ
マッシュルーム
ウインナーソーセージ
オリーブオイル
トマトケチャップ
トマトピューレ
OLIVE OIL
1.9
塩、コショウ
パプリカ粉
赤ワイン
材料に調味料です
昭和ナポリタン、きくち家《け》にはいくつかの掟《おきて》があります
まずスパゲッティは1.9㎜の極太《ごくぶと》を使用すること
1.9mm
トマトソースはケチャップにピューレを半分半分
トマトピューレ
そして味もさることながら仕上がりの見た目!!
パプリカ粉はそのためのマスト!!!
GABAN
PAPRIKA
あとは後々《のちのち》登場しますが、ちょいと隠し味を使用します
それ以外は
ウインナーがベーコンでも構いませんし、野菜など好き好きで

では
始めよう
ぐら
ぐら
大鍋にたっぷりの
お湯を沸《わ》かして
うんうん
パスタの基本
ですね
塩をひとつかみ
うん
基本だ
そこに
スパゲッティを
うんうん
その時
食べるぶんだけ
茹《ゆ》で時間は表示より
1、2分短めで
アルデンテに
ひと袋ぶん
500g
ばらばら
全部
入れちゃう
え!?
茹で時間は
袋の表示
ぴったり
11分!!
タイマー
11分
ぴっ
あのお
な、なんか
なんか——
パスタの
基本とは少々
ずれてるような
パスタじゃ
ないのだよ、
髙松《たかまつ》君
これは
スパゲッティ
ナポリタン
なのだよ!!

スパゲッティを茹でてる間に材料を切ります
玉ネギの皮を剥《む》いて
ベリベリ
うんうん
パスタの茹であがり時間に合わせて
材料の下拵《したごしら》えやら、料理をすすめる
基本だ
とんとん
半分に切って、タテに薄切り
ピーマン半分に切って
ワタとタネを外して
とんとん
半分の輪切り
マッシュルームは石突《いしづ》きを切って
たんたん
2㎜くらいにスライス
ええと
ウインナーは
どれくらいに切るかな
タイマー
02分
きくちさん、そろそろパスタが茹であがりますよ
材料炒めたりしなくちゃ、急がないと
大きめでいいんじゃない？外食気分なんだから
そうですか
無視のパターンですか——

ウインナーは
1本を
斜めに
4等分くらい
玉ネギ、ピーマン、マッシュルームにウインナー
材料が切れました
ぴぴぴ
タイマー
00分
茹で時間ぴったしっスよ
早くしないとパスタがのびちゃいますよ
はいはい
いきますよ——
ザルでお湯を切ったら
いいですか、おかあさん
ざあああ
はい
氷水《こおりみず》
うんそう
茹でたパスタは氷水で——

シャあーざぶん
氷水で一気に締《し》めてやる
じゃぶじゃぶじゃぶ
氷もっと要《い》るかしら
いや充分
あのぉ……
なんだね
ナポリタンって冷し麺でしたっけ!?
何を言ってるんだ
外食気分だ鉄板皿で焼きたてを食おうじゃないか
目の前の光景おかしくないスか!?
だからこれはねえ
じゃぶじゃぶ
スパゲッティナポリタンなのだよ!!
しっかりと水気を切ったところに

麺どうしが ひっつかないよう オリーブオイルを 回しかけて
よくよく 絡《から》めて
スパゲッティの 仕込み完了
では、今 食べる分だけ 取り分けて
残りは 密閉容器に 入れて冷蔵庫 お願いします
はい
イタリアンの 常識が―― パスタの 常識が――
片手の 中華鍋を 火にかけて
火は強火
オリーブ油を 大さじ1
最初は ウインナー
TOY

ウインナーは
ひと皿ぶん
2本くらい
他の材料も
作りやすい量
ひと皿ぶんずつ
分けておこう
次は玉ネギを
さっと
炒めて
マッシュ
ルーム
ピーマンは
最後に
具材を
さっと炒めた
ところで
今日はなんたって
外食気分
鉄板皿を
火にかけて
スパゲッティを
投入!!
手早く大きく
かき混ぜましたら
調味料——

塩を少々
トマトケチャップ大さじ1!!
トマトピューレ!!
ケチャップと同量大さじ1!!
トマトピューレはなんのため?
甘さをおさえつつ、トマト味を濃く
昭和スパゲッティナポリタンのマスト!!
GABAN
パプリカ粉大さじ1を加えると——
色が真《ま》っ赤《か》っか——!!
すかさず!!
赤ワインに白コショウ
昭和のナポリタンの色だわ——♡

無くても構わないけれど
あればあったで味をぐっと引き締める
ニンニク酢《す》を大さじに1!!
熱々の鉄板皿に盛りつけて——
100 PARMESAN
TABASC

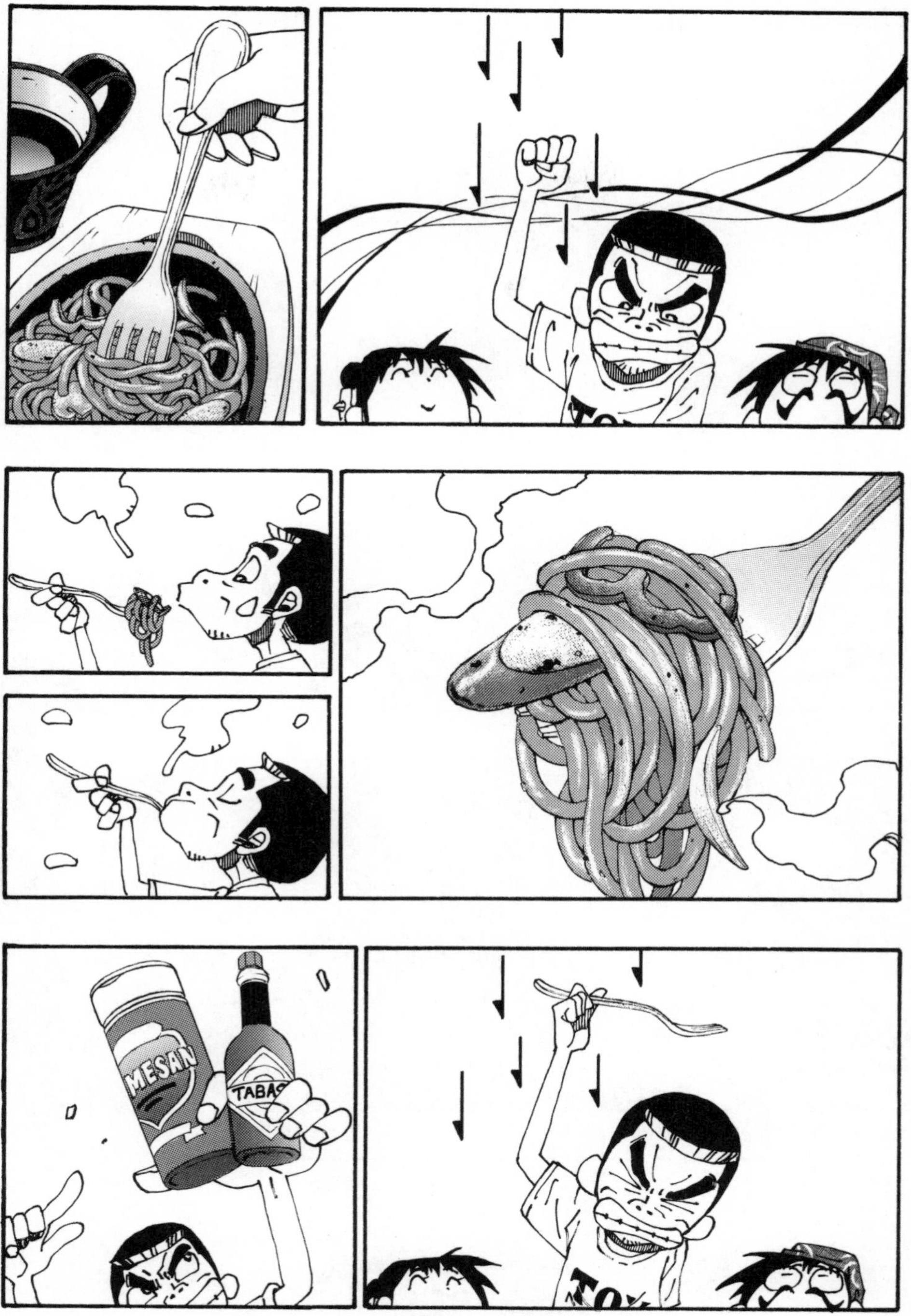
MESAN
TABAS

めちゃめちゃ
ナポリタンっス!!
昭和喫茶っス!!!
それのピカイチ!!!
美味《うんま》ーっ
マッシュルームとウインナーソーセージの昭和的ぜひたく感!!!
ケチャップ、ピューレのトマト感をさらにパプリカ粉が盛り上げてー!!!

そこにニンニク酢、そしてタバスコの酸味で完璧!!
粉チーズで無敵!!!
それがまた濃いめのドリップコーヒーと
すっ。
パスタだぁ?!
昭和の生まれはスパゲッティスパゲッティよ
ナポリタンに
レストラン仕込《じこ》みスか?
きくちさんが若い頃バイトしてたっていう
——ということは
あっ、いやな予感

ザギン《銀座》のシーメス《メシ》ね!?
あああ
ばかっぽー
そこの系列店で大手町《おおてまち》だったかに喫茶店があって
たまに手伝いでウエイター兼カウンターとかやってたんで
いらっしゃいませぇ♪
ウエストになんかレザーっぽいの巻いて
やせてるー
喫茶店だとスパゲッティといえば、まずはナポリタン
銀座のお店だとナポリタンとは呼ばず、スパゲッティトマトソースだったかなァ
それにエビやイカが入ったシーフードスパゲッティ、あとはミートソースか
とにかくスパゲッティの仕込みは毎日の日課でした
そこで覚えたんですね、ナポリタンの麺を氷水で締める荒技《あらわざ》
あ
でも、驚きっスね それがナポリタン独特のあの食感を生み出すんだからー
ナポリタンだけじゃないんだよ……

喫茶店に限らず
銀座のレストランでも
昭和のスパゲッティは
なんでも大量に茹でて、
冷水で締めて、
油まぶしして作り置き
なのだよ……
麺の扱いが
立ち喰いうどん
そ……そうか、
スパゲッティといえば今や
本場パスタの作り方が
基本スけど
日本生まれの
ナポリタンだけスもんね、
アルデンテなんて
欠《か》けらも言われないのは
ちゃんと
あったんスね、
ナポリタンの
バックボーン
ちゃんとか
どうかは
知らんが
いちおうな
あとは田舎《いなか》で
おとうさんのおば様が
昔、喫茶店やって
らしたりとか
とても料理上手で
ナポリタンとかすっごい
美味《おい》しかったものー♡
純喫茶
石松
違ったんだ——
ネットでチラ見《み》、
おうちでできる
カンタン プロのコツ
ひっぱたこうかな

●『外食気分は昭和喫茶で。』終●

第五十六話

海にふぐ・山にわらび。

海にふぐ、山にわらび、
この二《ふた》つ
実に日本の最高美食としての
好一対《こういっつい》であろう。
北大路魯山人《きたおおじろさんじん》
きくちさーん
宅配便でーす
はーーい♡
おとうさん、おとうさん
あっ、小声《こごえ》

保冷剤
やったァーー
わらびーー
誰からー?
中《なか》のお兄さん
ひそ
ずりずり
いいもの
もらうと
小声に
なっちゃう、
なんでだろ
ひそ
しょうが
ないわ、
小市民
ですもの
ひそひそ
わらびじゃないけど
横手《よこて》の慎太郎君、
まんが美術館の
安田君
ひそ
今年も素晴らしい
山菜、本当に
本当にありがとう、
美味しくいただき
ましたよーー
ひそひそ
御礼《おれい》は小声でなくても
いいんじゃない?

では、さっそくお湯を沸《わ》かして灰を準備して
原稿中じゃなかったの?
仕事とタケノコ、仕事とわらび、どっち
ひそ ひそ ひそ
タケノコ、わらび
以前、マンガでも描きました――秋田《あきた》県人は春の一時期タケノコバカというバカになります
そして、もうひとバカ
わらびバカというタケノコバカに比べより身近《みぢか》で時期の長いバカになってしまいます
山登りしなくていいものね
そして里帰りの際、その両方ダブルバカの兄に言われました
タケノコもええども
わらびもマンガさ描げ!!
拒否権ナシ
はい
時期的には少々遅くなってしまいますが、保存版として
きくち家《け》わらび尽《づ》くし♡
まずはアク抜き
とにかく大鍋にたっぷりお湯を沸かしましょう

あとは桶《おけ》でも鍋でも、とにかく大きい容《い》れ物《もの》
それに灰
うちでは普段料理等に使用した炭火の灰をとっておくのですが
灰が無かったら重曹《じゅうそう》で代用します
ていうか、今では田舎でも灰よりは重曹の方がポピュラーかもしれません
1リットルに小さじ1くらい
重曹
重曹はお湯の1%、入れすぎるとわらびが溶けちゃいます
新聞紙の上にわらびを広げて――
上から灰をかけて
ぱらぱら
まんべんなくまぶして
お次は、沸いたお湯で容れ物を温《あたた》める
今日の器《うつわ》は、道の駅の古道具市《ふるどうぐいち》で3000円で買った
うちで一番大きな鉢《はち》
ぐら
ぐら

白の釉薬《ゆうやく》がぽってりぽっちゃり柔らかくて
何焼《なにやき》ですか、おとうさん
うーん
たぶん小久慈焼《こくじやき》でいいと思うけど、岩手《いわて》の民芸
大きさは立派なのに優しくていい器よねー
小久慈焼(たぶん)
大鉢《おおばち》
径38㎝ 高20㎝
年代不詳
これで3000円!! 安いわー
最後は値段ですかー
小市民ですものー
器が温まったら、お湯を捨てまして
ざぁぁ
わらびを並べ入れて
灰も一緒に入れましてー
ぐらぐらに沸いたお湯をー
ざぁぁぁぁ。
火傷《やけど》に注意
落としブタをしてー

そのまま、ひと晩おきましょう
ひと晩経《た》ちました
かぽ
緑色に濁《にご》った水を捨てて――
ざぁぁ
水を替えて
しばらく水を出しっ放しにしてやると――
1本1本緑の色が違って
きれいなグラデーション♡
万葉《まんよう》の時代からの日本の美ですな――

どれ
アクの抜け具合
味見してみますか
とん
さく
あぁっ
大人《おとな》♡
無味《むみ》の味《あじ》とは
よく言った
ものだわ――♡
ほんの少し
苦みを
残して
とっても
いい出来です、
おとうさん
無味の
味
だア!!?

あれだな、出汁《だし》の色 薄いのが上品 濃いのは下品
味も淡《うす》いのが上等!! それで通《つう》ぶる文化人、芸能人の類《たぐい》だな
どこのどいつですかな、そんなことをのたまうえせグルメ君は
バリバリ下町生まれの下町育ち
魯《ろ》山《さん》人《じん》
今日のところは勘弁《かんべん》してやるか
わらびですかー
正直
意識して食べたことないスねー
たまーーーに頼んだ山菜そばに申し訳なさそうに入ってる程度で
味!?
美味《うま》い、不味《まず》い、
山菜そばで分かるわけないスよね
お待たせしましたー♡

わらびのおひたし2種
ひとつはお醤油のみ
ひとつは自家製ポン酢に鰹節《かつおぶし》でどうぞ
お醤油、ポン酢、どちらも味はついてます
足りない時は手許《てもと》でどうぞ
太さも
なんか見た目が全然違うんスけど山菜そばとか
水煮《みずに》で売ってるわらびとは
色もツヤも張りも
持った感じも――

んむ
さくっ
さくさく
さく
味《あじ》モ〜!!
食ってる感がハンパねー!!
いやいやいや
このさくさくとした歯応《はごた》え!!
後から押し寄せてくるぬめり!!
なあんだ、わらび
めちゃめちゃ美味《うめ》えじゃねえかよ!!
どやあああ
どれどれ
それでは
ポン酢に鰹節で
さくっ
あっ
おひたしじゃなくて、これはもう一品料理
お店、お店 新宿《しんじゅく》荒木町《あらきちょう》

角右衛門
わらびバカ料理、ここからが真骨頂《しんこっちょう》
上の鉢が秋田の伝統料理
わらびたたき
んで
こちらはうちのオリジナル料理で――

白身魚の昆布《こぶ》締《じ》め
わらび包《づつ》み!!
それでは伝統料理のわらびたたきとやらを
はんむ
お酒ください
どやああ
わらびのほのかな山の香りに味噌と山椒《さんしょう》の香りが口の中で混然一体《こんぜんいったい》!!
地味な見た目とはうらはら!! すっげぜひたく!!
何よりわらびのぬめり、ネバネバが快感ーー!!!

秋田のわらび料理の定番
新鮮なわらびが手に入ったら是非《ぜひ》やってみて♡
一 材料、調味料。おひたで残った根っこに頭の部分。
二 味噌、木の芽
わらびの根っこを包丁の背で軽くたたく。
三 粘りが出てきたら頭を加えて包丁の刃でたたく。
四 味噌と木の芽を加えてひたすらたたいて
完成!!
では、次!!
白身魚の昆布締めわらび包み
山葵《わさび》のっけてお醤油
ちょん
きくちさんちのオリジナル!?
味の想像ぜんぜんつかないスけど――
はくっ

めちゃめちゃ美味いじゃないスか──!!
初めて、初めて!! 初めての食感!!
あら、高松《たかまつ》さんも小声
さては小市民か?
ひそ
ひそ
わらびがさくさくっときて、とろ──っときて
白身魚がぐみぐみのしこしこで
歯応えの面白さ、昆布締めの味の深さで、いつまでも飽きることなく!!
ひそ
ちなみになんスか!? この魚は!!?
ひそ
海にふぐ山にわらび、魯山人の言葉でいけば そりゃふぐなんだろうけど
ふぐを自分で捌《さば》くわけにもいかないし
時期的にふぐのむこうを張《は》る魚といったら
マゴチ──?!!
めっちゃ高級魚じゃないスかー!!?
やっぱり小市民か
ひそひそ
ぐあおおお
それがコロナの影響かしら── 吉祥寺《きちじょうじ》の魚屋さんで50㎝級のマゴチが
なんと780円!!!
ひそひそ
納得の小市民

マゴチに限らず、旬の白身魚ならどれもオススメ
きくち家 春から初夏、渾身《こんしん》のおもてなし料理
ぜひ!!
お試しを
一 タイにヒラメ、ホウボウ イサキ・お好みの白身魚のお刺身用冊を用意しまして
塩
軽く塩をして一時間おきます
二 水で戻した昆布で 一 をはさんで
ラップで包んで冷蔵庫でひと晩。
ラップ
三 ひと晩おいて昆布となじんだら
好みの厚さにそぎ切りにてあとは
白身魚で巻いて山葵にお醤油でどうぞ!!
海の白身魚と山のわらびが昆布を介して渾然一体の味わい!!
日本の食材の豊かさに
かんぱ
いやあああ
驚きました――!!
まさに無味の味、これ以上ない上品な味わいなのに
コチの風味に負けてないスもんねー
すごいなー わらびー!!
美味いなー わらび包みー♡

へえええ
秋田に帰省してた時に考案スか
釣りに行ったんだよ、日本海《にほんかい》平目《ヒラメ》釣りに
時期だったし、わらびはたくさんあったしねー
じゃあ、その時は平目だったんですね、昆布締め
……うん
刺身で食べ切れなくて、昆布締めにして
次の日、わらびと一緒に食べたらすっごい美味しくてー♡
カッコいいなー
地《じ》のわらびに釣りたての平目!!
そりゃあ、美味いなんてもんじゃゃ……
………
それが……
?
どうしたんスか？小声で
海が荒れて釣りにならなくて
魚屋で買った平目!?だせぇ!!
極小市民
ひそ
ひそ

●『海にふぐ、山にわらび。』終●

おかあさん 芋タコ
南瓜ですよ。
第五十七話

芝居《しばい》、コンニャク、芋《いも》、タコ、南瓜《ナンキン》
古来《こらい》より ささやかれます、御婦人方《ごふじんがた》の好む物でございます
みーん
みんみん
おかあさん、お中元の時期は少々過ぎてしまいましたが
夏のごほうびだったら、何がいいですかね？

みんみん
みんみん
現金《キャッシュ》
酒脱《しゃだつ》なフリで始めたつもりだったんですけど
[洒脱]
俗気《ぞくけ》が抜けてさっぱりしている様《さま》
冗談よ、冗談 いただきまーす
芝居
今でいったら、演劇とかコンサート?
この ご時勢《じせい》だと、まだ自粛モードよね
文楽《ぶんらく》とか観たいけどね、お茶おいしー
ずっ
コンニャク
好物《こうぶつ》ではあるけど、ごほうび!?
タコがいいです、おとうさん
タコのやわらか煮♡
みんみん
みんみん

タコに、せっかくだから、芋、南瓜《ナンキン》、用意しました
タコはスーパーの魚屋さんに切り分ける前のタコをお願いしました
輸入物のゆでダコです
国産じゃなくていいんです?
国産の地《じ》ダコは歯応《はごた》えがありすぎて、やわらかく煮るのは至難《しなん》の技《わざ》
長時間 煮《に》すぎて表面が溶けちゃったり、煮くずれたり
同じゆでダコなら輸入物のほうが失敗なく仕上がります

もちろん活《いけ》ダコから自分で下拵《したごしら》えするなら別です
ぎゃあああ
ぶっちゃけ、素人《しろうと》にはハードル高すぎです
今じゃ輸入ダコは質も上がったけど値段も上がってなァ
バカにできないものなァ
ゆでダコの値段は変わらないものね――国産の地ダコと
国産地ダコは色が黒い
輸入ダコはピンク色
みーんみんみ〜
みんみんみ〜ん
では
始めよう
タコ1匹は、まず頭と肛門じゃなくて、口ばし含めた胴体部分と足を切り分けます
ここでしっかり水洗い
じゃあああ
ペーパータオルで水気を切って

頭!? 胴体!? タコはよく分からんなァ
とにかく丸っこい部分とひょっとこ口から下のごちゃごちゃした部分とに
魚でいったらアラかな—— 切り分けて
頭はざっくり4等分
ごちゃごちゃの部分、アラはぶつ切りにして
おつまみ用にサイコーだな
お次は足
1本ずつに切り分けて
タコの足は太くて長いのと細くて短いの
4本ずつに分かれてるものですから
特に小っちゃい足とさっきのごちゃごちゃしたアラを
密閉容器でポン酢に浸《ひた》して、冷蔵庫
ポン酢
半日もすればタコポン酢お通《とお》し一品《ひとしな》、出来あがり
タコも魚と一緒で1本丸ごと買うといろいろ楽しめて嬉しいわよね
割安《わりやす》だし!!

くはっ
タコのやわらか煮
日本酒
純米本みりん
みずあめ
調味料は日本酒、味醂《みりん》、淡口《うすくち》醤油に水飴《みずあめ》、匂い消しに生姜《しょうが》
それに無ければ別に構わないけど、今日はたまたまお酒用の炭酸が
中途ハンパに何本か残ってたので水がわりに使います
強炭酸
強炭酸
強炭酸
それがタコをやわらかく煮るコツ!?
はい、料理屋さんも使う、ウラ技です
鍋でタコがひたひたになるくらいの炭酸水に
出汁昆布《だしこんぶ》を火にかけます
そこに日本酒をカップで半分
味醂、淡口醤油はカップに3分の1
あくまで目安《めやす》
水飴大さじ1

沸《わ》いたところにタコの足に頭、匂い消しの生姜
アクを掬《すく》いつつ、表面が乾かないよう時々 煮汁《にじる》をかけ回しつつ
弱火でことことと45分から1時間煮込みます
こと
こと
お次は芋と南瓜《ナンキン》
ぱん。
好きなやつよー
鍋に水と昆布、厚削りの鰹節を火にかけて
炊き合わせの芋用の出汁を取ります
それから芋の皮を剥《む》きます
今日の芋は石川《いしかわ》小芋《こいも》
衣《きぬ》かつぎ用よね
好きなやつよー
むきっ
水から火にかけて——

沸いたら3分くらいで火を止めて
ザルにあけて――
下茹《したゆ》で時間短くない？
芋の風味を残したいんで、下茹では軽くして
ぬるみはしっかり取ってやって――
じゃあああああ
先程の出汁を濾《こ》して
水洗いした芋と出汁を火にかけ
塩、淡口醤油で味を調《ととの》えて
おかあさん、追《お》い鰹《がつお》をお願いできますか
はい
紙パックに削り鰹を詰めて
花かつお
芋の鍋に

弱火で30分
煮込んで
火を止めます
ことこと
カボチャの
直炊《じかだ》き――
好きな
やつです
――♡
まずは
スプーンで
タネとワタを
こそげ取ります
ざっくり
くし形に切って
大きめの
ひと口大に
切って
水洗いして、
粉気《こなけ》を
落とし
煮くずれ
しないように
カボチャ同士
重ならない
よう――
鍋に広げて、
ひたひたに
水を張って
火は強火――
砂糖、濃口《こいくち》醤油で
すぐに味つけ、
カボチャ4分の1に
大さじ ひとつずつ
くらいかしら

中火に落として、汁が無くなる寸前まで味を含ませて、火を止める
ぐつぐつ
どぉれ
タコの具合は
固すぎず気持ち歯応えを残して——
火を止めて
煮物は冷めていく時に味が染み込みます
芋、タコ、南瓜《ナンキン》——今日の炊き合わせはそれぞれ全部冷まして
常温でいただきます♡
冷めた煮物っていいのよね——こっくりして
好きなやつです——♡
それでは我々にはごほうび
あとは髙松《たかまつ》君に電話してください
みんみん
ゲンコーが遅い日頃のお詫《わ》びです
あら小声ね

きくち家《け》
おかあさんイチ押し
夏のごちそう
ビーール♡
シークヮーサー
100%ジュースを
大振りのグラスに
ほんの少々
凍《こお》る
寸前まで
冷やした
ビールを

ああああ
つま先から脳天まで
すげえ!!
ビールにシークヮーサー、めっちゃ爽《さわ》やか、めっちゃすっきり
めっちゃ美味《うめ》ぇーー!!
んで!!
お通しにタコわさポン酢!!?

どれどれ
ぱっくん
まっ
ポン酢がタコに
ぎゅっと
染みて
めっちゃ夏ーー!!
お待たせしました
夏いろいろおつかれ様の
芋、タコ、南瓜《ナンキン》ーー
御婦人方の好む物 三大《さんだい》炊き合わせ

タコが艶《つや》っ艶《つや》——!!
食べる前からもう美味そう!!
タコ——!! やわらかさの中に肉の繊維《せんい》がちゃんと残ってて
噛めば噛むほど タコの味が
タコのやわらか煮!? 桜煮《さくらに》!?
ばか美味え、料理屋か!!

そして芋!!!
ぱっくん
あまっ
出汁がしっかりきいて、何気なく実はとんでもなくぜひたく――
さては南瓜《ナンキン》!!!
醤油と砂糖だけで、何このしっかりした味!!
出汁が無くてもお料理よ、これぞ和食
しみじみ
そして再びタコ――
からの
ごっくん
ビール
つま先から
脳天まで
しあわせ!!

柔らかいんだけど歯を押し戻す弾力が堪《たま》らんスねーーー!!
タコのやわらか煮、こんなのが家でできるんだ
コツってありますか!?
輸入物のゆでダコを使う
ゆでダコは塩がきいてるので醤油は控えめ、甘さは多め
煮込み時間は45分～1時間、以上!!
ねええええ
冷蔵庫で4～5日は保存もきくし
芋も南瓜《ナンキン》もお弁当にも最高だし
ひと口大に切ってお酒と。
冷蔵庫でタコが冷えて締《し》まりすぎたら、食べる直前に5分くらい温《あたた》めてやるとまた美味《おい》しいっス
くくっ
イモにタコにカボチャ、御婦人好物《こうぶつ》三大ーー
江戸時代から変わらないんですねーー
うんうん
そうそう
それが特売とか閉店間際にセールで半額だったりすると嬉しくてーー♡
んもぉぉぉぉ
未来永劫《みらいえいごう》変わらないんだろーな
♪きゃっほ ランランラン

●『おかあさん、芋 タコ 南瓜ですよ。』終●

第五十八話

豚肉の復権。

夏の暑さで もやっていた空気が 澄《す》みはじめ――
朝、家の窓から 富士《ふじ》の山が望める ようになってきました
挽《ひ》きたての いい香り――
いただきま――す
ず…
やっと 秋の気配です

うん♡
美味しいっスね
挽きたての淹《い》れたては
この間まではお茶は冷茶、コーヒーもアイスだったけど
季節がちょっと移ると温かいのが欲しくなるわよねー―
では、本題です
おふたりは、肉といえば何肉スかね？
肉といえば!?
ここんところ『あたりまえ～』で肉ってやってないじゃないスか――
やや

季節も
キーアー《秋》、ちょっとぜひたくなクーニー《肉》料理
どスか?
きゃあああ
洋食レストランメニューのパターンだわ
お肉でぜひたく
そうねー
私だったらクリスマスとかイメージしちゃうから
フライドチキン!? そうそうチューリップのチキンバスケットなんて
あああん♡
クラクラきちゃうー♡
昭和《しょうわ》っスねー!!
髙松《たかまつ》はやっぱ牛《ぎゅう》! ビーフっスねー
ローストビーフ、サーロインステーキ、堪《たま》んないっス!!
きくちさんは——!?
豚《ぶた》
今なんと?
豚

まあたまたま
やめましょうよ、ひねくれじじいのウケねらいは
豚
マンガに描くんですよ!? 読者が読むんですよ!?
高松が試食するんですよ!? 牛にしましょう! 牛です、ビーフです!!
自分が食いたいだけか――
養豚《ようとん》!?
ご実家で豚を飼ってたんスか!?
生まれたての子豚が10匹20匹と群れになって
そのお世話、お手伝いしてたんだものね
思い入れも違うわよね――
逆に情が移って食べづらいとか
食うわ―― 美味いもの――

季節はキーアー《秋》
料理の主役はターブ《豚》のクーニー《肉》をウーブド《ぶどう》のスーソ《ソース》で仕上げる
至福のひと皿をお届けします
なみおて《お手並み》けんはい《拝見》
バカっぽすぎてセリフが入ってこないわ
すっげ厚切りの豚肉——!!
見るからに美味《うま》そ——!!!
スーパーの精肉コーナーで脂多めのロースを思い切って厚めに切ってもらいました
100g300円!豚肉としちゃァ大盤振舞《おおばんぶるま》いよねー
ぜひたくー
ぶどうはスチューベンとかベリーAとか色の濃いもの
潰してソースにするので、これは安いもので構いません

それでは ターブー《豚》クーニー《肉》の
やめなさい！
豚肉の リブロースステーキ、秋のぶどうソース スペシャル
材料、調味料 です
赤ワイン、濃口《こいくち》醤油、塩、コショウ、ブルーベリージャム、ニンニク、生姜《しょうが》
しょうゆ
塩
〈付け合わせ〉オクラ、エリンギ、パプリカ、秋茄子《あきなす》
赤ぶどう、厚切り豚ロース
さっそく始めましょう
まずは豚肉の下拵《したごしら》え
焼いた時に肉が反《そ》っくり返《かえ》ったりしないよう
厚切り肉なので、肉の両面から包丁で筋《すじ》切りをします
▼の部分に包丁を入れましょう。
筋切りした肉を肉たたきで軽くたたきます
だんだんだん。

そしたら塩をします
肉は塩が効きやすいので、魚の塩焼きとかよりはだいぶ控えめで
ぱらら
常温に置いて、少々なじませます
続いてはソースの下拵え
ぶどうを使う分だけバラします
ばらばらら
分量は適当、少ないよりは多めに拵《こさ》える
ソースは余っても作り置きがきくので
だいたい、ぶどうカップ1杯
それを手で粗く潰します
あとで濾《こ》すので種《たね》とか皮とか気にしな――い
そこに赤ワインをうちのおたまでひとつ――
ざっくり大さじ3杯分です
赤ワインと同量の濃口醤油
ぶどう、ワインに醤油!?
肉には絶対醤油が合う
ブルーベリージャム、大さじ1

ブルーベリージャム!?
7月に私の実家から大量に届いたのよ、いちおう自家製、別に市販品でも構わないわよ
酸味にコク、それに色あい
ブルーベリーも豚肉と実《じつ》は相性抜群
がしがし
どんな味になるのか――想像がつかない
すりおろしたニンニク2片
同量の生姜を加えて
ぶどうソースの下拵え完了
お次は野菜、オクラは根本の固いところもへずり取って
丸ごとソテー
あとは茄子、エリンギ、パプリカをざっくり好きな大きさに切って
オリーブ油、塩、コショウ、火は中強で軽く炒めます
野菜は彩りよねー♡

2分くらい炒めたら
フタをして
かぽっ
あとは余熱で蒸らしておきましょう
お次は、いよいよ肉を焼きます
フライパンを2枚用意して
片方には小さい焼網《やきあみ》を敷いておきます
では点火—— 向かって左側のフライパンは強火
焼網を敷いたフライパンは弱火にして
カチッ
カチッ
強火のフライパンにはオリーブ油
弱火のフライパンにはフタをして

黒コショウは肉を焼く直前に――
ガリガリ
盛りつける表面《おもてめん》から
じゅおおお
うわっ
けっこうすごい音
この音がしないと肉は美味しく焼けません!!
じゅおおおおー
ダメなの私――!!こういう音――!!
おおお
強火で2分焼いたらひっくり返して
いい色――!!!
ひっくり返したら裏面《うらめん》は1分半
肉は極力いじらない
裏面にもしっかりコゲ目がついたら
となりのフライパンの焼網の上に移します
じゅおおおおお

即、フタをして引き続き弱火で5分
肉の芯までじっくり火を通します
じゅうう
焼網に乗っけるのは？
表面はカリっと中はふっくらに仕上げたいから
鍋に直接だとどうしてもその面が蒸れちゃうから
魚焼きグリルの弱火でも大丈夫ですよ――
じゅううう
さてっ
それでは仕上げ
肉を焼いたフライパンにぶどうのソースを
ぼんっ
火――!!?
ワインのアルコール分飛ばさなきゃ
ダメなのー!!
強火で2～3分煮詰めたら
ザルにあけてー
ぶどうの種、皮その他しっかり濾《こ》します

濾したソースを火にかけ——
盛りつけは野菜を彩りよく並べて
ソースを引いて
ぴぴぴ…
ぱ
弱火で5分、肉が焼けました
肉を皿によそって
上からソースを……

Bricco al
ORGANIC

肉といえば豚肉ですよねー
どやーー
異議なーーし
いやーっすっげ超美味そ〜
いただきまーーす!!
ナイフがすうっと柔《やわ》らけーーー!!
さくっ
肉汁《にくじゅう》とソースで大変なことになってるーー!!!

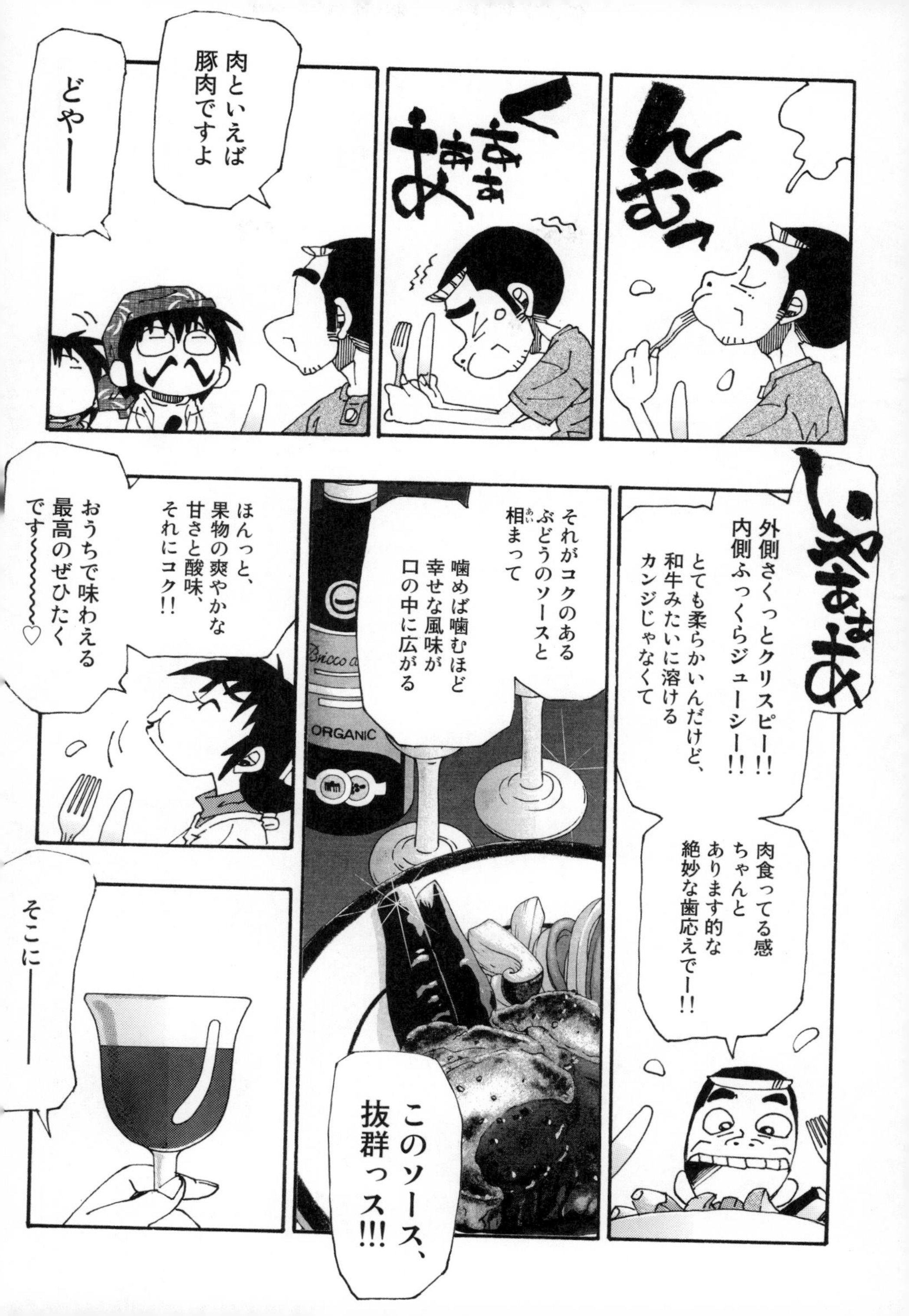
んむっ
くああああ
肉といえば
豚肉ですよ
どやー
いやあああ
外側さくっとクリスピー!!
内側ふっくらジューシー!!
とても柔らかいんだけど、
和牛みたいに溶ける
カンジじゃなくて
肉食ってる感
ちゃんと
あります的な
絶妙な歯応えでー!!
このソース、
抜群っス!!!
それがコクのある
ぶどうのソースと
相《あい》まって
噛めば噛むほど
幸せな風味が
口の中に広がる
ORGANIC
ほんっと、
果物の爽やかな
甘さと酸味、
それにコク!!
おうちで味わえる
最高のぜひたく
です〜〜〜〜〜〜♡
そこに——

ああん♡
幸せーー♡
ぜひたくーー♡
美味しかった〜!!
いい豚肉って脂身も美味しいのねーー

そうですか!そうですか!
養豚ですか
どんなことやるんス?養豚って
うちは農家の内職だから
母親豚も一頭か二頭、それが産んだ子供を育てるのが仕事
豚を飼ってたのは小学生の頃だったけど
豚のお産《さん》てのはいつも真冬、それも決まって深夜で――
ひゅううううう
さむ~
たたき起こされて、懐中電灯を持って豚小屋までの雪中行軍《せっちゅうこうぐん》
生まれたての子豚ってのはまくわうりくらいの大きさしかないんで
母豚
暖房用ライト
ぷひぷひ
寝返りなんかで親豚につぶされないよう、ダンボールで作った専用の小部屋に移して
ぷひぷひ
お乳の時だけ母親の所へ戻して、また専用小屋に移してを
昼夜問わず一日何回も――
わあ~
わあ~
母豚
乳を飲む音
そんなこんなで子豚も育ってくるとお乳じゃなくて食事の世話
配合飼料もあったけどメインはやっぱり
配合飼料
残飯!!

豚というのは満腹中枢が壊れてるらしく
とにかく食欲がハンパじゃなくて
重たいバケツ両手に何度も家と豚小屋行ったり来たり
そのせいよね、おとうさん生ゴミの選別、すごい厳しいもの
ビニール、洗剤、ようじに割箸、タバコの吸いガラ、食べて害になる物って絶対混ぜないもの
ゴミという意識はまったく無かったもんなー
豚の食べ物だもん、食えない物混ぜちゃァ
小金井《こがねい》市はあとで燃えるゴミで一緒くたー
ミもフタもねー
それじゃあ、昔から牛よりは豚スか
母親が牛肉嫌いということもあってな
渋いっスねー、小学生が牛より豚、一家団欒《いっかだんらん》すき焼きも豚肉で
おいおい、すき焼きだったら
マトンでジンギスカンだろー
羊かよ!! 豚はよ、豚は
好きだものねおとうさん

●『豚肉の復権。』終●

描きおろし
炊飯器買い出し記
特別編
MOGH
一升炊《いっしょうだ》き2台
同時使用――
きくち家《け》の
炊飯器《すいはんき》事情
である
スタッフ、家族、
編集者――
その日のメニューに
よっては
それが1日で
空《から》になることも
ざらであった

そのうちの1台、もう10年以上酷使《こくし》されていたのが
内釜《うちがま》のフッ素《そ》加工が剥《は》がれ落ち、見た目にも
飯《めし》の炊きあがりがどうにもよろしくなくなってきた
ならば、内釜だけ買い換えようとメーカーに問い合わせたところ
1万円以上はしますよ――
だったら炊飯器ごと買い替えるか、と
電器屋さんに出掛けてみた
ドシドシカメラ
現在はスタッフの半分が女性
働き方改革なのだろうか、編集者が仕事場に詰めるということもなくなり
ピンポ～ン
毎度、バイク便でーす
原稿を集荷にきました――
子供達も食べ盛りは過ぎて
ひとりは家を出たりと
さすがに最早《もはや》一升炊き2台は要《い》らんだろう
残ってる一升炊き1台は仕事場用ということで
家庭用なら5合半《ごうはん》炊《だ》きでよくないかね、おかあさん
賛成です、おとうさん
そっちの方が一升炊きより安《やす》あがりでしょうから
予算はそうね3～4万くらいかしら
目立電々
大型冷蔵庫

え!?
ごはん
5.5合
122,090円~
113,750
特価
101,090円
いち、じゅう
ひゃく、せん……
こっちが12万で――!?
この黒いのが
特選品
¥156,000
割引き価格で15万――!!?
こちら最新式のニューモデル
コシヒカリ、ひとめぼれ、ひのひかり、ゆめぴりか、つがるロマン、つや姫《ひめ》……etc
銘柄によってお米を炊きわけるという
普段から「食」「お米」にこだわりを持ってらっしゃるお客様には
これ以上の炊飯器は他にございませんよ
新製品
い、いや……「食」「米」にはそれなりにこだわりを
持ってる方――だとは思うんですけど……
それ故、うちでは実家やその近所の農家さん、同級生
その他、諸々――生産者から直送のお米を日々食べている
銘柄は、ほぼ〝あきたこまち〟なのだ
秋田米
自慢のお米
こまち
なるほど、銘柄の種類はそんなに必要ない
こだわりが無いんですね――
失礼な!!

銘柄にはこだわらないけど美味しいお米が食べたい方には
これ!!!
お米はなんといっても土鍋で炊くのが一番ですよね!
土鍋炊きの味を完全に再現しました――!!
¥132,000円
だったら土鍋で炊くわ
すごすごと店を後《あと》にし、地元駅前の電器屋さんに寄ることに
これなんかいいんじゃないか、おかあさん――値段も予算内だし
でも、なんで同じのが2台並んでるの!?
¥32,000円
¥32,000円
左の炊飯器が今年出たニューモデル
右の方は型落《かたお》ちとなりまして、値段の方も
表示価格から1万円引きで
ください!!!
即答!!
折《おり》しも新米の季節
美味《おい》っし――
今年のお米も上作《じょうさく》ですねー
おかわりしよ
はぐはぐ
15万円の最新式、3万円の型落ち、幸せの度合いはそんなかわらない――と思う

●特別編『炊飯器買い出し日記。』終●

シリーズ
あたりまえのぜひたく。
―外食気分は昭和喫茶で。―

きくち正太（きくち・しょうた）
秋田県出身。1988年、週刊少年チャンピオン（秋田書店）にてデビュー。代表作『おせん』『おせん　真っ当を受け継ぎ繋ぐ。』（講談社 / モーニング・イブニング）、『きりきり亭のぶら雲先生』『きりきり亭主人』（幻冬舎コミックス）、『瑠璃と料理の王様と』（講談社）など。食や日本の伝統文化、釣りなどを主題にした作品が多く、ガラスペンを使った独自の絵柄にも熱烈なファンが多い。また、キャラクターデザイン、ポスターイラストなども手がける。
近年、ギタリストとして音楽活動開始。Acoustic Instrumental Trio「あらかぷ」で都内ライブハウスに出演中。

［初出］
第五十話 ~ 第五十八話
（『comic ブースト』2019.11～12、2020.01 ～ 03、05、07、09 ～ 10）
特別編　描きおろし

2020年11月30日　第1刷発行

著　者　きくち正太
発行者　石原正康

発行元　株式会社 幻冬舎コミックス
〒151-0051 東京都渋谷区千駄ヶ谷 4-9-7
電　話　03(5411)6431（編集）
発売元　株式会社 幻冬舎
〒151-0051 東京都渋谷区千駄ヶ谷 4-9-7
電　話　03(5411)6222（営業）

振　替　00120-8-767643

本文製版所　株式会社 二葉企画
印刷・製本所　図書印刷株式会社

検印廃止

万一、落丁乱丁のある場合は送料当社負担でお取替致します。幻冬舎宛にお送り下さい。
本書の一部あるいは全部を無断で複写複製（デジタルデータ化も含みます）、放送、データ配信等をすることは、法律で認められた場合を除き、著作権の侵害となります。
定価はカバーに表示してあります。

© SHOTA KIKUCHI,GENTOSHA COMICS 2020
ISBN978-4-344-84760-6　C0095　Printed in Japan
幻冬舎コミックスホームページ　https://www.gentosha-comics.net